| | |
|---|---|
| school - die Schule | 2 |
| travel - die Reise | 5 |
| transport - der Transport | 8 |
| city - die Stadt | 10 |
| landscape - die Landschaft | 14 |
| restaurant - das Restaurant | 17 |
| supermarket - der Supermarkt | 20 |
| drinks - die Getränke | 22 |
| food - das Essen | 23 |
| farm - der Bauernhof | 27 |
| house - das Haus | 31 |
| living room - das Wohnzimmer | 33 |
| kitchen - die Küche | 35 |
| bathroom - das Badezimmer | 38 |
| child's room - das Kinderzimmer | 42 |
| clothing - die Kleidung | 44 |
| office - das Büro | 49 |
| economy - die Wirtschaft | 51 |
| occupations - die Berufe | 53 |
| tools - die Werkzeuge | 56 |
| musical instruments - die Musikinstrumente | 57 |
| zoo - der Zoo | 59 |
| sports - der Sport | 62 |
| activities - die Aktivitäten | 63 |
| family - die Familie | 67 |
| body - der Körper | 68 |
| hospital - das Spital | 72 |
| emergency - der Notfall | 76 |
| Earth - die Erde | 77 |
| clock - die Uhr | 79 |
| week - die Woche | 80 |
| year - das Jahr | 81 |
| shapes - die Formen | 83 |
| colours - die Farben | 84 |
| opposites - die Gegenteile | 85 |
| numbers - die Zahlen | 88 |
| languages - die Sprachen | 90 |
| who / what / how - wer / was / wie | 91 |
| where - wo | 92 |

Impressum
Verlag: BABADADA GmbH, Nedderfeld 112 , 22529 Hamburg
Geschäftsführer / Verlagsleitung: Harald Hof
Druck: Books on Demand GmbH, In de Tarpen 42, 22848 Norderstedt

Imprint
Publisher: BABADADA GmbH, Nedderfeld 112 , 22529 Hamburg, Germany
Managing Director / Publishing direction: Harald Hof
Print: Books on Demand GmbH, In de Tarpen 42, 22848 Norderstedt, Germany

# school
# die Schule

classroom — das Klassenzimmer

divide — dividieren

186/2

board — die Tafel

school yard — der Schulhof

teacher — der Lehrer

paper — das Papier

write — schreiben

pen — der Stift

desk — der Schreibtisch

ruler — das Lineal

book — das Buch

pupil — die Schüler

satchel

die Schultasche

pencil case

die Federmappe

pencil

der Bleistift

pencil sharpener

der Bleistiftspitzer

rubber

der Radierer

drawing pad

der Zeichenblock

| | | |
|---|---|---|
|  |  |  |
| drawing | paintbrush | paint box |
| die Zeichnung | der Pinsel | der Malkasten |
|  |  |  |
| scissors | glue | exercise book |
| die Schere | der Klebstoff | das Übungsheft |
|  |  |  |
| homework | number | add |
| die Hausübung | die Zahl | addieren |
|  | |  |
| subtract | multiply | calculate |
| subtrahieren | multiplizieren | rechnen |
|  | |  |
| letter | alphabet | word |
| der Buchstabe | das Alphabet | das Wort |

school - die Schule

text
der Text

read
lesen

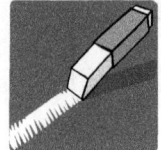
chalk
die Kreide

lesson
die Unterrichtsstunde

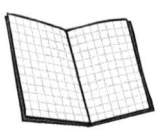
register
das Klassenbuch

exam
die Prüfung

certificate
das Zeugnis

school uniform
die Schuluniform

education
die Ausbildung

encyclopedia
das Lexikon

university
die Universität

microscope
das Mikroskop

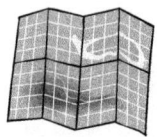
map
die Karte

waste-paper basket
der Papierkorb

school - die Schule

# travel
# die Reise

hotel — das Hotel

hostel — die Jugendherberge

bureau de change — die Wechselstube

suitcase — der Koffer

car — das Auto

language
die Sprache

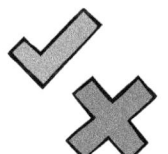

yes / no
ja / nein

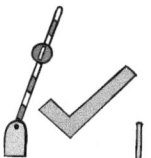

Okay
Okay

hello
Hallo

translator
die Dolmetscherin

Thank you
Danke

how much is...?
Wie viel kostet ...?

I do not understand
Ich verstehe nicht.

problem
das Problem

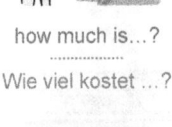

Good evening!
Guten Abend!

Good morning!
Guten Morgen!

Good night!
Gute Nacht!

bye bye
Auf Wiederschaun!

direction
die Richtung

luggage
das Gepäck

bag
die Tasche

backpack
der Rucksack

guest
der Gast

room
das Zimmer

sleeping bag
der Schlafsack

tent
das Zelt

travel - die Reise

tourist information

die Touristeninformation

beach

der Strand

credit card

die Kreditkarte

breakfast

das Frühstück

lunch

das Mittagessen

dinner

das Abendessen

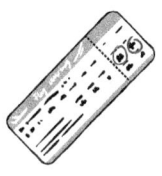

ticket

die Fahrkarte

lift

der Lift

stamp

die Briefmarke

border

die Grenze

customs

der Zoll

embassy

die Botschaft

visa

das Visum

passport

der Pass

travel - die Reise 7

# transport
## der Transport

- aeroplane — das Flugzeug
- ship — das Schiff
- fire engine — das Feuerwehrauto
- truck — der Lastwagen
- bus — der Bus
- motorboat — das Motorboot
- car — das Auto
- bike — das Fahrrad

ferry
die Fähre

boat
das Boot

motorbike
das Motorrad

police car
das Polizeiauto

racing car
das Rennauto

rental car
der Mietwagen

car sharing
das Carsharing

breakdown truck
der Abschleppwagen

refuse truck
der Müllwagen

motor
der Motor

fuel
der Kraftstoff

petrol station
die Tankstelle

traffic sign
das Verkehrsschild

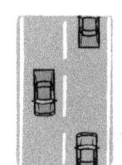

traffic
der Verkehr

traffic jam
der Stau

car park
der Parkplatz

train station
der Bahnhof

tracks
die Schienen

train
der Zug

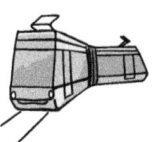

tram
die Straßenbahn

carriage
der Wagon

transport - der Transport

helicopter
der Hubschrauber

airport
der Flughafen

tower
der Tower

passenger
der Passagier

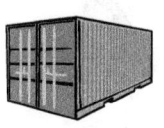
container
der Container

carton
der Karton

cart
der Rollwagen

basket
der Korb

take off / land
starten / landen

## city
## die Stadt

village
das Dorf

city centre
das Stadtzentrum

house
das Haus

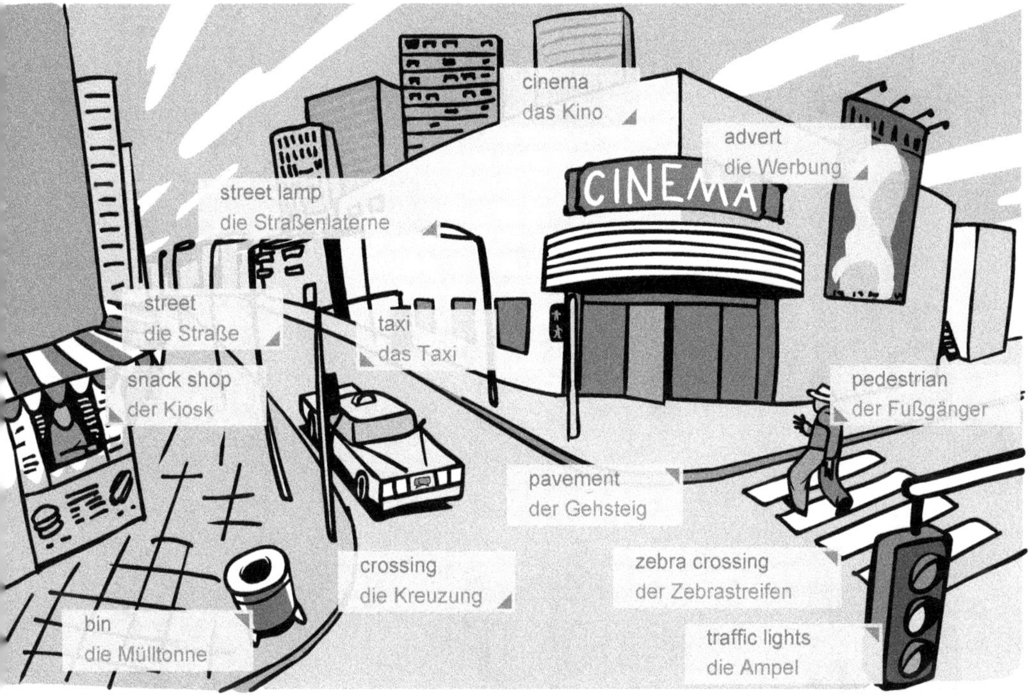

hut
die Hütte

flat
die Wohnung

train station
der Bahnhof

town hall
das Rathaus

museum
das Museum

school
die Schule

university

die Universität

bank

die Bank

hospital

das Spital

hotel

das Hotel

pharmacy

die Apotheke

office

das Büro

book shop

die Buchhandlung

shop

das Geschäft

florist's

der Blumenladen

supermarket

der Supermarkt

market

der Markt

department store

das Kaufhaus

fishmonger's

der Fischhändler

shopping centre

das Einkaufszentrum

harbour

der Hafen

city - die Stadt

park
der Park

bench
die Bank

bridge
die Brücke

stairs
die Stiege

underground
die U-Bahn

tunnel
der Tunnel

bus stop
die Bushaltestelle

bar
die Bar

restaurant
das Restaurant

postbox
der Briefkasten

street sign
das Straßenschild

parking meter
die Parkuhr

zoo
der Zoo

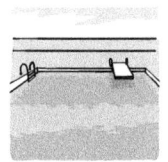
swimming pool
die Badeanstalt

mosque
die Moschee

city - die Stadt

farm
der Bauernhof

pollution
die Umweltverschmutzung

graveyard
der Friedhof

church
die Kirche

playground
der Spielplatz

temple
der Tempel

## landscape
## die Landschaft

- leaf — das Blatt
- signpost — der Wegweiser
- way — der Weg
- meadow — die Wiese
- stone — der Stein
- tree — der Baum
- hiker — der Wanderer
- river — der Fluss
- grass — das Gras
- flower — die Blume

valley

das Tal

hill

der Hügel

lake

der See

forest

der Wald

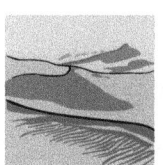

desert

die Wüste

volcano

der Vulkan

castle

das Schloss

rainbow

der Regenbogen

mushroom

der Pilz

palm tree

die Palme

mosquito

der Moskito

fly

die Fliege

ant

die Ameise

bee

die Biene

spider

die Spinne

landscape - die Landschaft

| | | |
|---|---|---|
|  |  |  |
| beetle | frog | squirrel |
| der Käfer | der Frosch | das Eichhörnchen |
|  |  |  |
| hedgehog | hare | owl |
| der Igel | der Hase | die Eule |
|  |  |  |
| bird | swan | boar |
| die Vogel | der Schwan | das Wildschwein |
|  |  |  |
| deer | moose | dam |
| der Hirsch | der Elch | der Staudamm |
|  | 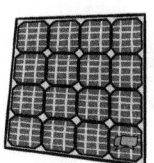 |  |
| wind turbine | solar panel | climate |
| das Windrad | das Solarmodul | das Klima |

landscape - die Landschaft

# restaurant
## das Restaurant

- waiter — der Kellner
- menu — die Speisekarte
- chair — der Sessel
- soup — die Suppe
- pizza — die Pizza
- cutlery — das Besteck
- tablecloth — die Tischdecke

starter
die Vorspeise

main course
das Hauptgericht

dessert
die Nachspeise

drinks
die Getränke

food
das Essen

bottle
die Flasche

fast food
das Fastfood

street food
das Streetfood

teapot
die Teekanne

sugar bowl
die Zuckerdose

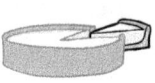

portion
die Portion

espresso machine
die Espressomaschine

high chair
der Kinderstuhl

bill
die Rechnung

tray
das Tablett

knife
das Messer

fork
die Gabel

spoon
der Löffel

teaspoon
der Teelöffel

serviette
die Serviette

glass
das Glas

restaurant - das Restaurant

| | | |
|---|---|---|
| 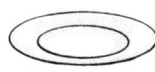 | 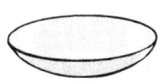 |  |
| plate | soup plate | saucer |
| der Teller | der Suppenteller | die Untertasse |
|  |  |  |
| sauce | salt pot | pepper mill |
| die Sauce | der Salzstreuer | die Pfeffermühle |
|  | 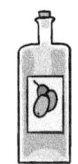 | 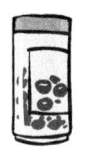  |
| vinegar | oil | spices |
| der Essig | das Öl | die Gewürze |
|  |  |  |
| ketchup | mustard | mayonnaise |
| das Ketchup | der Senf | die Mayonnaise |

restaurant - das Restaurant

# supermarket

## der Supermarkt

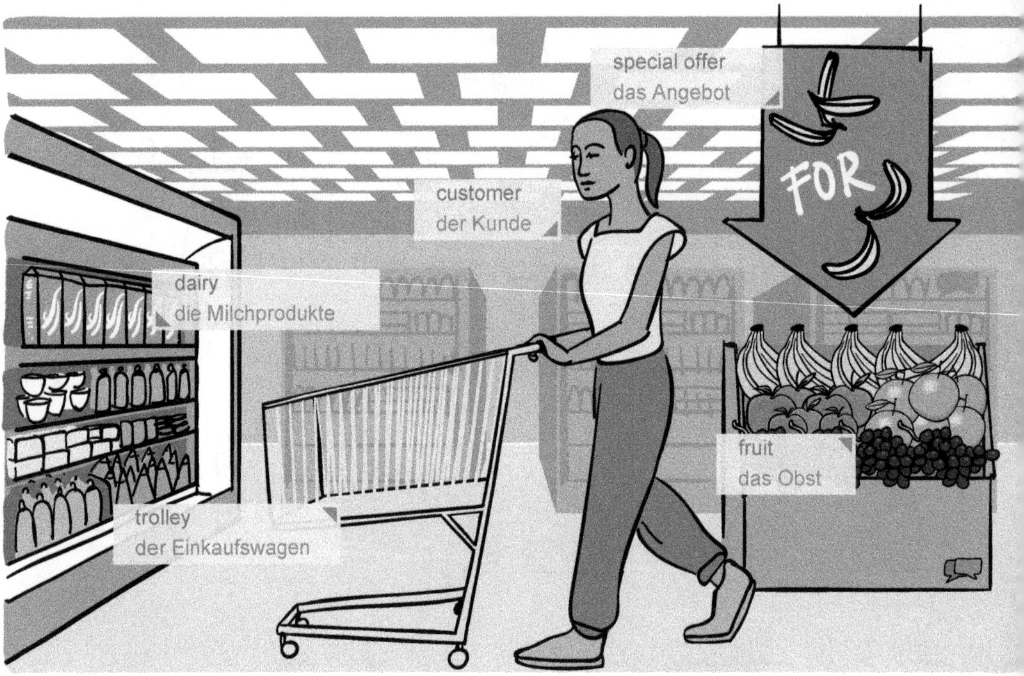

special offer
das Angebot
FOR
customer
der Kunde
dairy
die Milchprodukte
fruit
das Obst
trolley
der Einkaufswagen

BUTCHERS

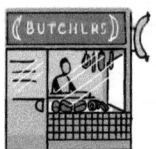

butcher´s

die Schlachterei

BAKERY

baker´s

die Bäckerei

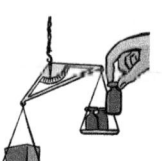

weigh

wiegen

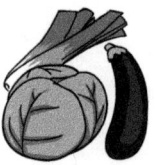

vegetables

das Gemüse

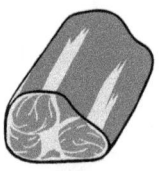

meat

das Fleisch

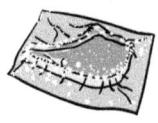

frozen food

die Tiefkühlkost

| | | |
|---|---|---|
|  cold meat<br>der Aufschnitt |  tinned food<br>die Konserven |  washing powder<br>das Waschmittel |
|  sweets<br>die Süßigkeiten |  household products<br>die Haushaltsartikel |  cleaning products<br>das Reinigungsmittel |
|  salesperson<br>die Verkäuferin |  till<br>die Kassa |  cashier<br>die Kassiererin |
|  shopping list<br>die Einkaufsliste |  opening hours<br>die Öffnungszeiten |  wallet<br>die Brieftasche |
|  credit card<br>die Kreditkarte |  bag<br>die Tasche | 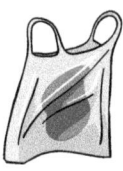 plastic bag<br>die Plastiktüte |

**supermarket - der Supermarkt**

# drinks
## die Getränke

water
das Wasser

juice
der Saft

milk
die Milch

coke
die Cola

wine
der Wein

beer
das Bier

alcohol
der Alkohol

cocoa
der Kakao

tea
der Tee

coffee
der Kaffee

espresso
der Espresso

cappuccino
der Cappuccino

# food
## das Essen

banana
die Banane

apple
der Apfel

orange
die Orange

melon
die Melone

lemon
die Zitrone

carrot
die Karotte

garlic
der Knoblauch

bamboo
der Bambus

onion
die Zwiebel

mushroom
der Pilz

nuts
die Nüsse

noodles
die Nudeln

spaghetti
die Spaghetti

rice
der Reis

salad
der Salat

chips
die Pommes frites

fried potatoes
die Bratkartoffeln

pizza
die Pizza

hamburger
der Hamburger

sandwich
das Sandwich

cutlet
das Schnitzel

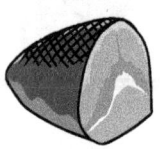
ham
der Schinken

salami
die Salami

sausage
die Wurst

chicken
das Huhn

roast
der Braten

fish
der Fisch

food - das Essen

porridge oats
die Haferflocken

muesli
das Müsli

cornflakes
die Cornflakes

flour
das Mehl

croissant
das Croissant

bread roll
die Semmel

bread
das Brot

toast
der Toast

biscuits
die Kekse

butter
die Butter

curd
der Topfen

cake
der Kuchen

egg
das Ei

fried egg
das Spiegelei

cheese
der Käse

food - das Essen

ice cream

die Eiscreme

sugar

der Zucker

honey

der Honig

jam

die Marmelade

chocolate spread

der Schokoladenaufstrich

curry

das Curry

# farm
## der Bauernhof

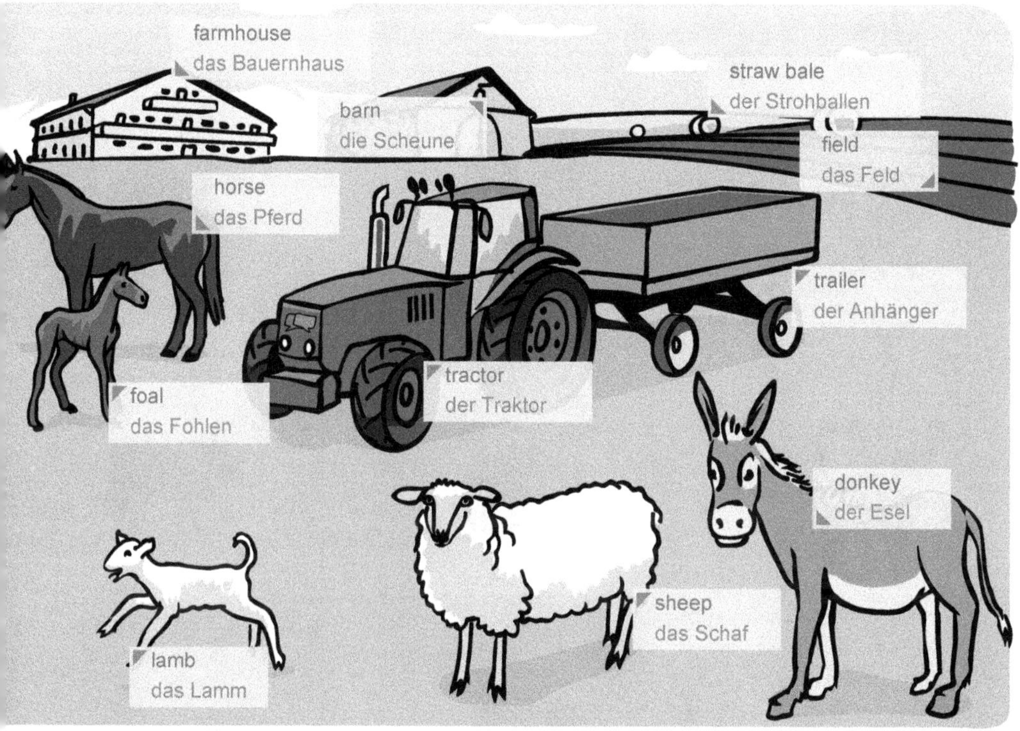

- farmhouse — das Bauernhaus
- barn — die Scheune
- straw bale — der Strohballen
- field — das Feld
- horse — das Pferd
- trailer — der Anhänger
- foal — das Fohlen
- tractor — der Traktor
- donkey — der Esel
- sheep — das Schaf
- lamb — das Lamm

goat
die Ziege

cow
die Kuh

calf
das Kalb

pig
das Schwein

piglet
das Ferkel

bull
der Stier

| | | |
|---|---|---|
|  |  |  |
| goose<br>die Gans | duck<br>die Ente | chick<br>das Küken |
|  |  |  |
| hen<br>das Huhn | cock<br>der Hahn | rat<br>die Ratte |
|  |  |  |
| cat<br>die Katze | mouse<br>die Maus | ox<br>der Ochse |
|  |  |  |
| dog<br>der Hund | doghouse<br>die Hundehütte | garden hose<br>der Gartenschlauch |
|  |  |  |
| watering can<br>die Gießkanne | scythe<br>die Sense | plough<br>der Pflug |

farm - der Bauernhof

sickle
die Sichel

hoe
die Hacke

pitchfork
die Mistgabel

axe
die Axt

wheelbarrow
die Schubkarre

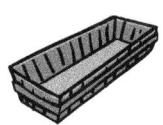
trough
der Trog

milk can
die Milchkanne

sack
der Sack

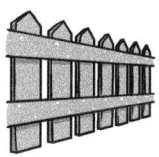
fence
der Zaun

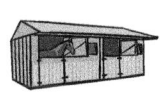
stable
der Stall

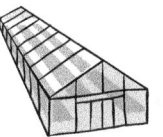
greenhouse
das Treibhaus

soil
der Boden

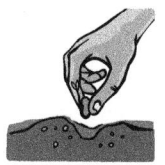
seed
die Saat

fertilizer
der Dünger

combine harvester
der Mähdrescher

farm - der Bauernhof

harvest
ernten

harvest
die Ernte

yams
die Yamswurzel

wheat
der Weizen

soy
das Soja

potato
der Erdapfel

corn
der Mais

rapeseed
der Raps

fruit tree
der Obstbaum

cassava
der Maniok

cereals
das Getreide

# house
# das Haus

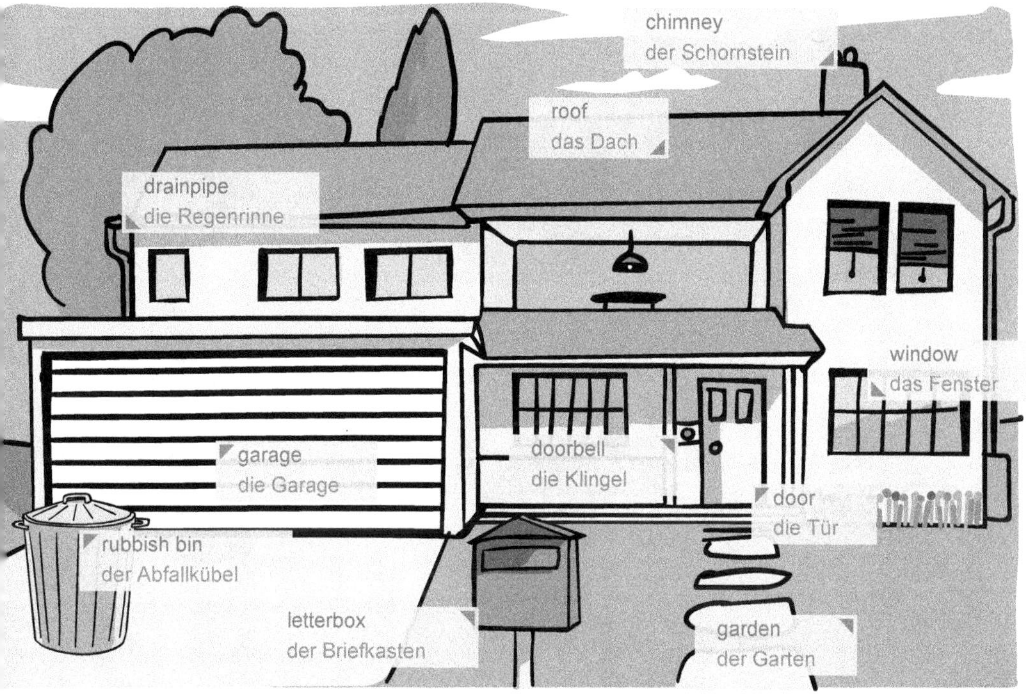

chimney — der Schornstein
roof — das Dach
drainpipe — die Regenrinne
window — das Fenster
garage — die Garage
doorbell — die Klingel
door — die Tür
rubbish bin — der Abfallkübel
letterbox — der Briefkasten
garden — der Garten

living room
das Wohnzimmer

bathroom
das Badezimmer

kitchen
die Küche

bedroom
das Schlafzimmer

child's room
das Kinderzimmer

dining room
das Esszimmer

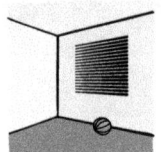
floor
der Boden

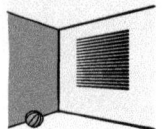
wall
die Wand

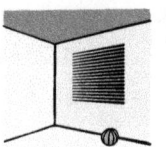
ceiling
die Decke

cellar
der Keller

sauna
die Sauna

balcony
der Balkon

terrace
die Terrasse

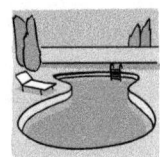
pool
das Schwimmbad

lawn mower
der Rasenmäher

sheet
der Bettbezug

bedspread
die Bettdecke

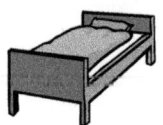
bed
das Bett

broom
der Besen

bucket
der Kübel

switch
der Schalter

house - das Haus

# living room
# das Wohnzimmer

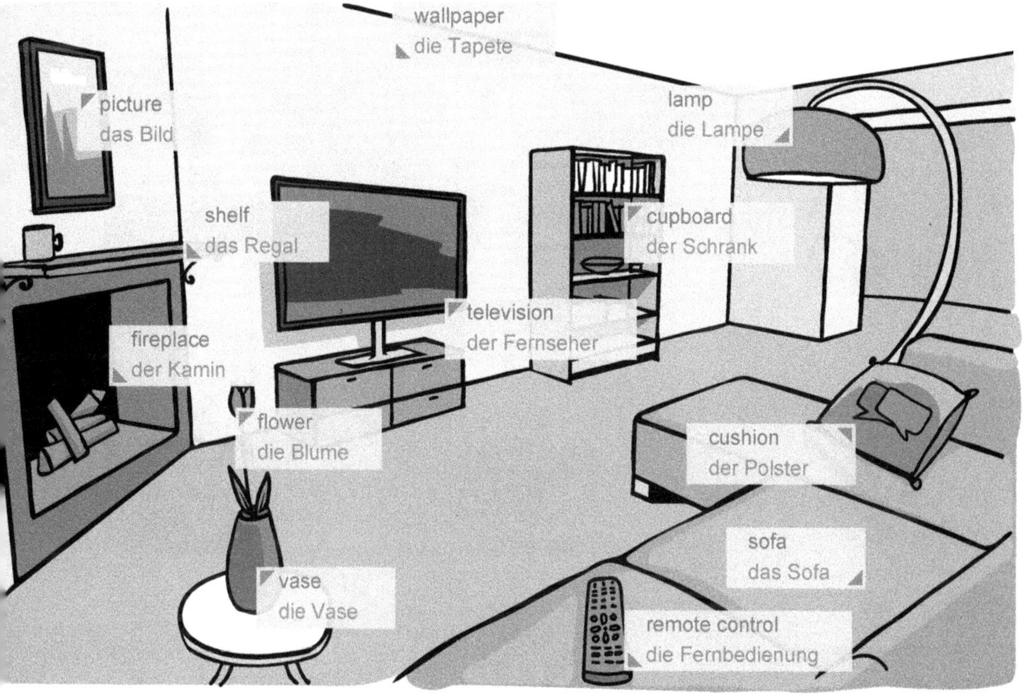

- wallpaper — die Tapete
- picture — das Bild
- lamp — die Lampe
- shelf — das Regal
- cupboard — der Schrank
- fireplace — der Kamin
- television — der Fernseher
- flower — die Blume
- cushion — der Polster
- vase — die Vase
- sofa — das Sofa
- remote control — die Fernbedienung

carpet
der Teppich

curtain
der Vorhang

table
der Tisch

chair
der Sessel

rocking chair
der Schaukelstuhl

armchair
der Sessel

| | | |
|---|---|---|
|  |  |  |
| book<br>das Buch | blanket<br>die Decke | decoration<br>die Dekoration |
|  |  |  |
| firewood<br>das Feuerholz | film<br>der Film | hi-fi equipment<br>die Stereoanlage |
|  |  |  |
| key<br>der Schlüssel | newspaper<br>die Zeitung | painting<br>das Gemälde |
|  |  |  |
| poster<br>das Poster | radio<br>das Radio | notepad<br>der Notizblock |
|  |  |  |
| hoover<br>der Staubsauger | cactus<br>der Kaktus | candle<br>die Kerze |

living room - das Wohnzimmer

# kitchen
# die Küche

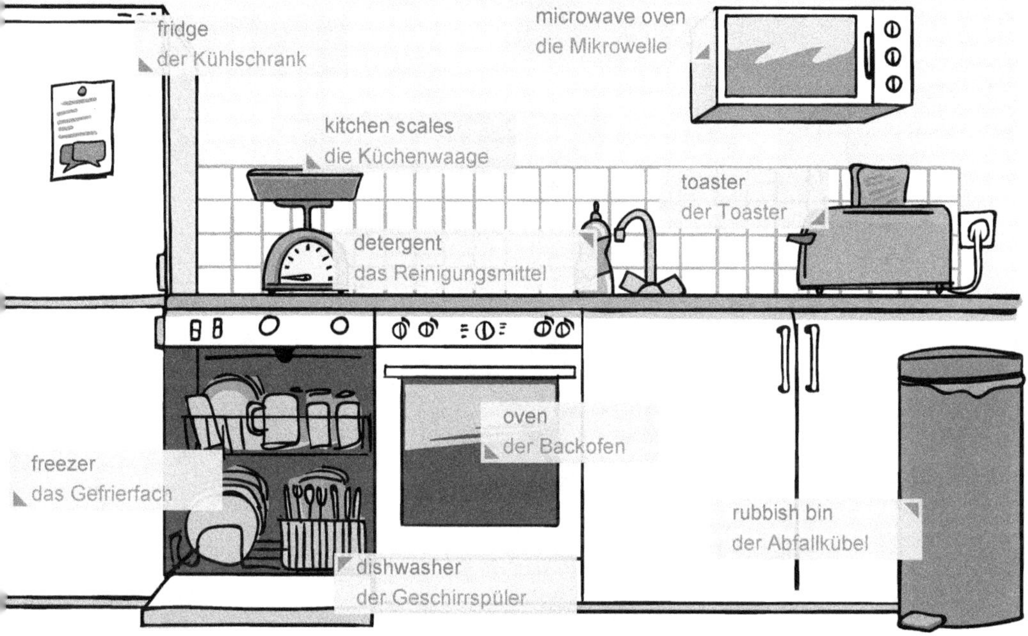

fridge
der Kühlschrank

microwave oven
die Mikrowelle

kitchen scales
die Küchenwaage

toaster
der Toaster

detergent
das Reinigungsmittel

oven
der Backofen

freezer
das Gefrierfach

rubbish bin
der Abfallkübel

dishwasher
der Geschirrspüler

cooker

der Herd

pot

der Topf

cast-iron pot

der Eisentopf

wok / kadai

der Wok / Kadai

pan

die Pfanne

kettle

der Wasserkocher

steamer

der Dampfgarer

baking tray

das Backblech

crockery

das Geschirr

mug

der Becher

bowl

die Schale

chopsticks

die Essstäbchen

ladle

der Schöpflöffel

spatula

der Pfannenwender

whisk

der Schneebesen

strainer

das Kochsieb

sieve

das Sieb

grater

die Reibe

mortar

der Mörser

barbecue

der Grill

open fire

das Kaminfeuer

kitchen - die Küche

chopping board

das Schneidebrett

rolling pin

das Nudelholz

corkscrew

der Korkenzieher

can

die Dose

can opener

der Dosenöffner

pot holder

der Topflappen

sink

das Waschbecken

brush

die Bürste

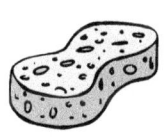

sponge

der Schwamm

blender

der Mixer

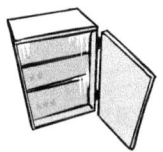

deep freezer

die Gefriertruhe

baby bottle

die Babyflasche

tap

der Wasserhahn

kitchen - die Küche

# bathroom
## das Badezimmer

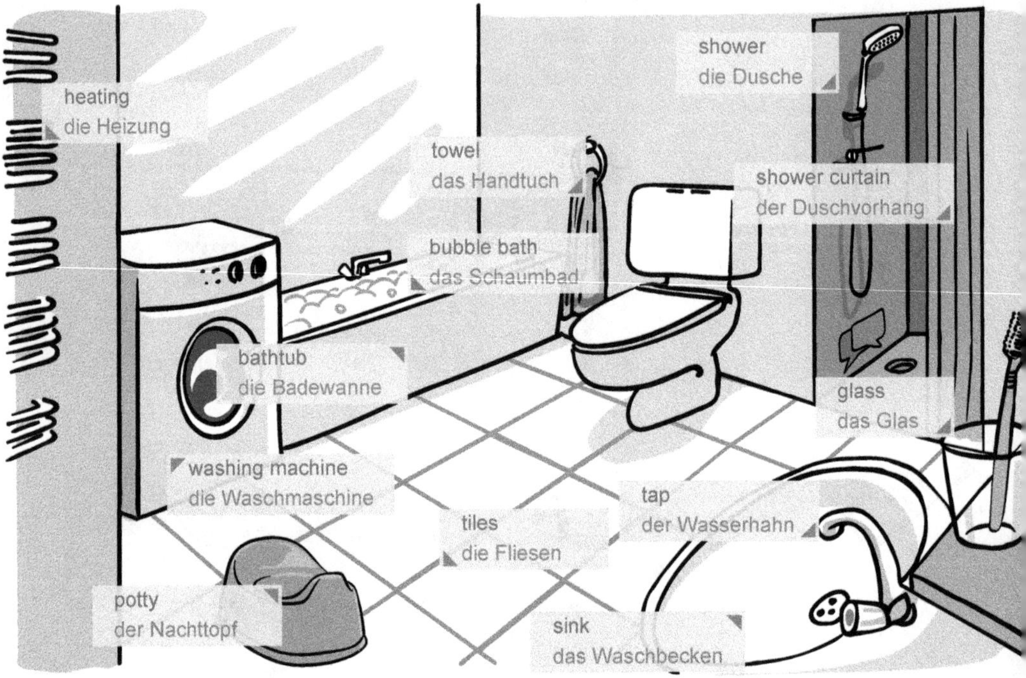

- heating — die Heizung
- shower — die Dusche
- towel — das Handtuch
- shower curtain — der Duschvorhang
- bubble bath — das Schaumbad
- bathtub — die Badewanne
- glass — das Glas
- washing machine — die Waschmaschine
- tap — der Wasserhahn
- tiles — die Fliesen
- potty — der Nachttopf
- sink — das Waschbecken

| toilet | squat toilet | bidet |
|---|---|---|
| das Klo | die Hocktoilette | das Bidet |

| urinal | toilet paper | toilet brush |
|---|---|---|
| das Pissoir | das Klopapier | die Klobürste |

toothbrush
die Zahnbürste

toothpaste
die Zahnpasta

dental floss
die Zahnseide

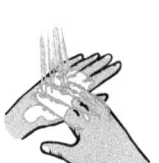
wash
waschen

handheld shower
die Handbrause

douche
die Intimdusche

basin
die Waschschüssel

back brush
die Rückenbürste

soap
die Seife

shower gel
das Duschgel

shampoo
das Shampoo

flannel
der Waschlappen

drain
der Abfluss

cream
die Creme

deodorant
das Deodorant

bathroom - das Badezimmer

mirror
der Spiegel

hand mirror
der Kosmetikspiegel

razor
der Rasierer

shaving foam
der Rasierschaum

aftershave
das Rasierwasser

comb
der Kamm

brush
die Bürste

hair dryer
der Föhn

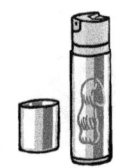
hairspray
das Haarspray

makeup
das Makeup

lipstick
der Lippenstift

nail varnish
der Nagellack

cotton wool
die Watte

nail scissors
die Nagelschere

perfume
das Parfum

washbag
der Kulturbeutel

stool
der Hocker

weighing scale
die Waage

bathrobe
der Bademantel

rubber gloves
die Gummihandschuhe

tampon
das Tampon

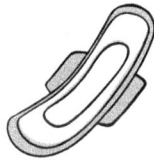

sanitary towel
die Damenbinde

chemical toilet
die Chemietoilette

# child's room

# das Kinderzimmer

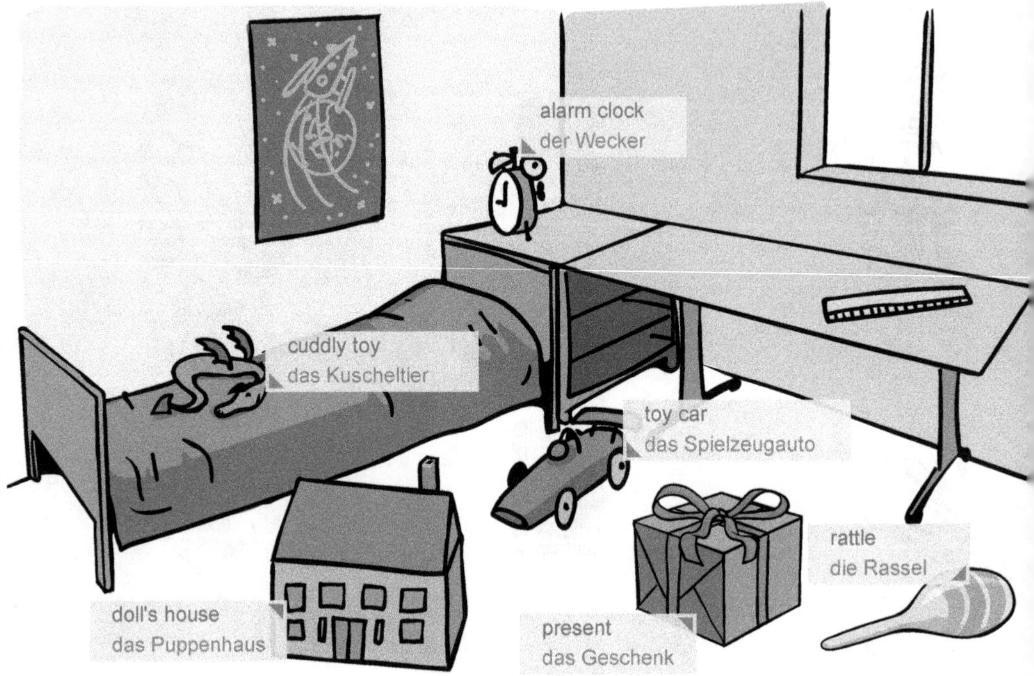

alarm clock
der Wecker
cuddly toy
das Kuscheltier
toy car
das Spielzeugauto
rattle
die Rassel
doll's house
das Puppenhaus
present
das Geschenk

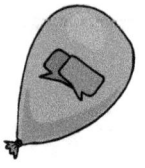

balloon

der Ballon

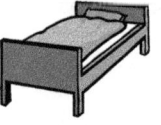

bed

das Bett

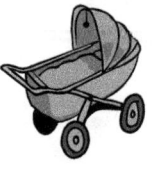

pram

der Kinderwagen

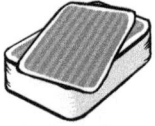

deck of cards

das Kartenspiel

jigsaw

das Puzzle

SUPER
MEGA

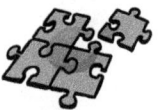

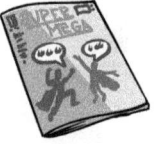

comic

der Comic

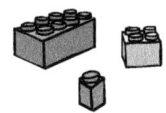

lego bricks
die Legosteine

building blocks
die Bausteine

action figure
die Actionfigur

babygrow
der Strampelanzug

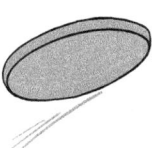

Frisbee
das Frisbee

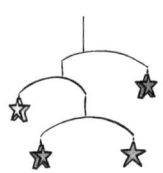

mobile
das Mobile

board game
das Brettspiel

dice
der Würfel

model train set
die Modelleisenbahn

dummy
der Schnuller

party
die Party

picture book
das Bilderbuch

ball
der Ball

doll
die Puppe

play
spielen

child's room - das Kinderzimmer

sandpit

der Sandkasten

swing

die Schaukel

toys

das Spielzeug

video game console

die Spielkonsole

tricycle

das Dreirad

teddy bear

der Teddy

wardrobe

der Kleiderschrank

## clothing
## die Kleidung

socks

die Socken

stockings

die Strümpfe

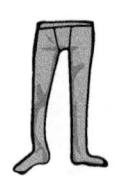

tights

die Strumpfhose

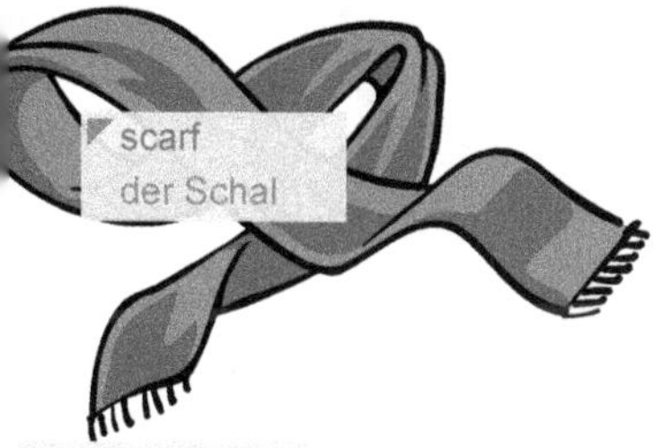

scarf
der Schal

belt
der Gürtel

umbrella
der Regenschirm

t-shirt
das T-Shirt

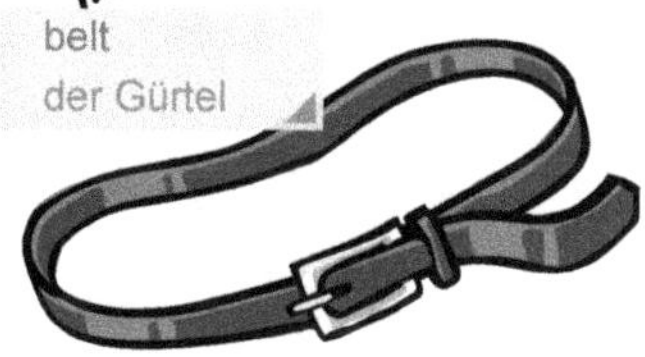

trainers
die Turnschuhe

boots
die Stiefel

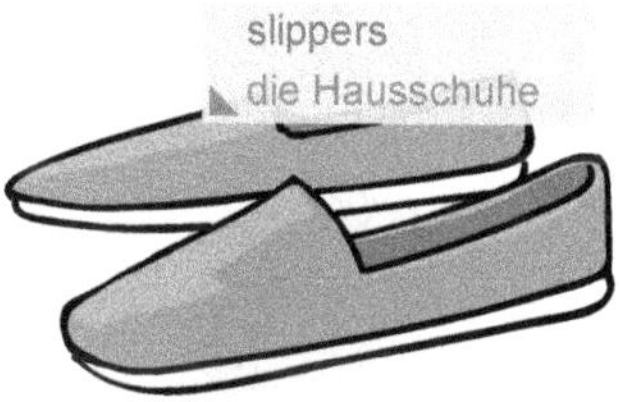

slippers
die Hausschuhe

sandals
die Sandalen

shoes
die Schuhe

rubber boots
die Gummistiefel

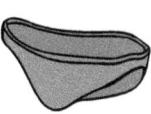

underpants
die Unterhose

bra
der Büstenhalter

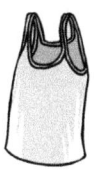

vest
das Unterhemd

clothing - die Kleidung

body
der Body

trousers
die Hose

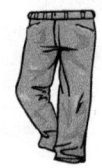
jeans
die Jeans

skirt
der Rock

blouse
die Bluse

shirt
das Hemd

pullover
der Pullover

hoodie
der Kapuzenpullover

blazer
der Blazer

jacket
die Jacke

coat
der Mantel

raincoat
der Regenmantel

costume
das Kostüm

dress
das Kleid

wedding dress
das Hochzeitskleid

clothing - die Kleidung

suit
der Anzug

nightgown
das Nachthemd

pyjamas
der Pyjama

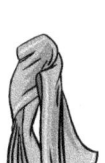
sari
der Sari

headscarf
das Kopftuch

turban
der Turban

burqa
die Burka

kaftan
der Kaftan

abaya
die Abaya

swimsuit
der Badeanzug

trunks
die Badehose

shorts
die kurze Hose

tracksuit
der Jogginganzug

apron
die Schürze

gloves
die Handschuhe

button

der Knopf

glasses

die Brille

bracelet

das Armband

necklace

die Halskette

ring

der Ring

earring

der Ohrring

cap

die Mütze

coat hanger

der Kleiderbügel

hat

der Hut

tie

die Krawatte

zip

der Reißverschluss

helmet

der Helm

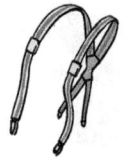

braces

der Hosenträger

school uniform

die Schuluniform

uniform

die Uniform

bib
das Lätzchen

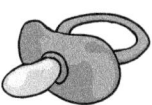
dummy
der Schnuller

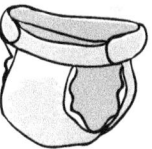
nappy
die Windel

## office
## das Büro

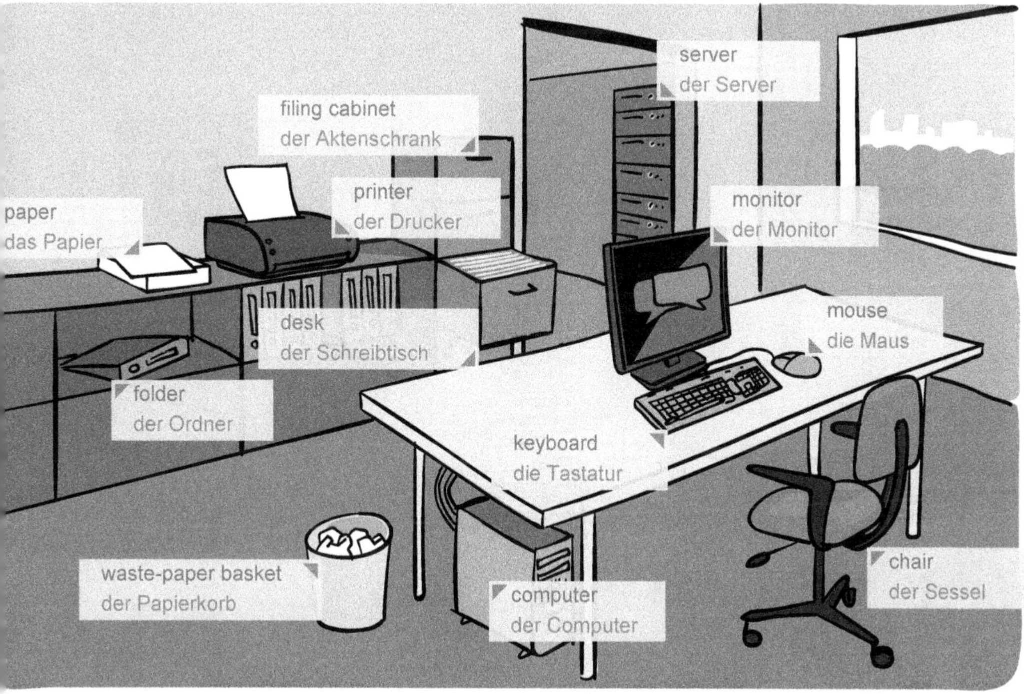

- server — der Server
- filing cabinet — der Aktenschrank
- printer — der Drucker
- monitor — der Monitor
- paper — das Papier
- desk — der Schreibtisch
- mouse — die Maus
- folder — der Ordner
- keyboard — die Tastatur
- waste-paper basket — der Papierkorb
- computer — der Computer
- chair — der Sessel

coffee mug
der Kaffeebecher

calculator
der Taschenrechner

internet
das Internet

laptop

der Laptop

letter

der Brief

message

die Nachricht

mobile

das Handy

network

das Netzwerk

photocopier

der Kopierer

software

die Software

telephone

das Telefon

plug socket

die Steckdose

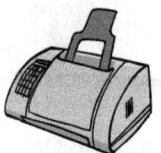

fax machine

das Fax

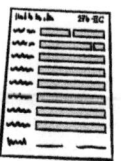

form

das Formular

document

das Dokument

office - das Büro

# economy
## die Wirtschaft

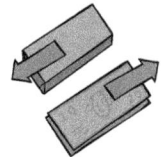
buy
kaufen

pay
bezahlen

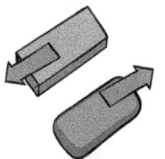
trade
handeln

money
das Geld

dollar
der Dollar

euro
der Euro

yen
der Yen

rouble
der Rubel

Swiss franc
der Franken

renminbi yuan
der Renminbi Yuan

rupee
die Rupie

cashpoint
der Bankomat

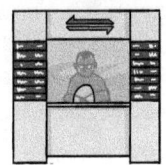
bureau de change
die Wechselstube

gold
das Gold

silver
das Silber

oil
das Öl

energy
die Energie

price
der Preis

contract
der Vertrag

tax
die Steuer

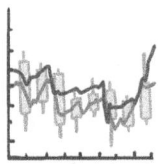
stock
die Aktie

work
arbeiten

employee
der Angestellte

employer
der Arbeitgeber

factory
die Fabrik

shop
das Geschäft

economy - die Wirtschaft

# occupations
## die Berufe

**police officer** — der Polizist
**fireman** — der Feuerwehrmann
**cook** — der Koch
**doctor** — die Ärztin
**pilot** — der Pilot

gardener
der Gärtner

carpenter
der Tischler

seamstress
die Schneiderin

judge
der Richter

chemist
die Chemikerin

actor
der Schauspieler

bus driver
der Busfahrer

taxi driver
der Taxifahrer

fisherman
der Fischer

cleaning lady
die Putzfrau

roofer
der Dachdecker

waiter
der Kellner

hunter
der Jäger

painter
der Maler

baker
der Bäcker

electrician
der Elektriker

builder
der Bauarbeiter

engineer
der Ingenieur

butcher
der Schlachter

plumber
der Installateur

postman
die Briefträgerin

occupations - die Berufe

soldier
der Soldat

architect
der Architekt

cashier
die Kassiererin

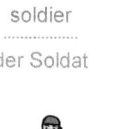
florist
die Blumenhändlerin

hairdresser
der Friseur

conductor
der Schaffner

mechanic
der Mechaniker

captain
der Kapitän

dentist
die Zahnärztin

scientist
der Wissenschaftler

rabbi
der Rabbi

imam
der Imam

monk
der Mönch

clergyman
der Pfarrer

occupations - die Berufe

# tools
## die Werkzeuge

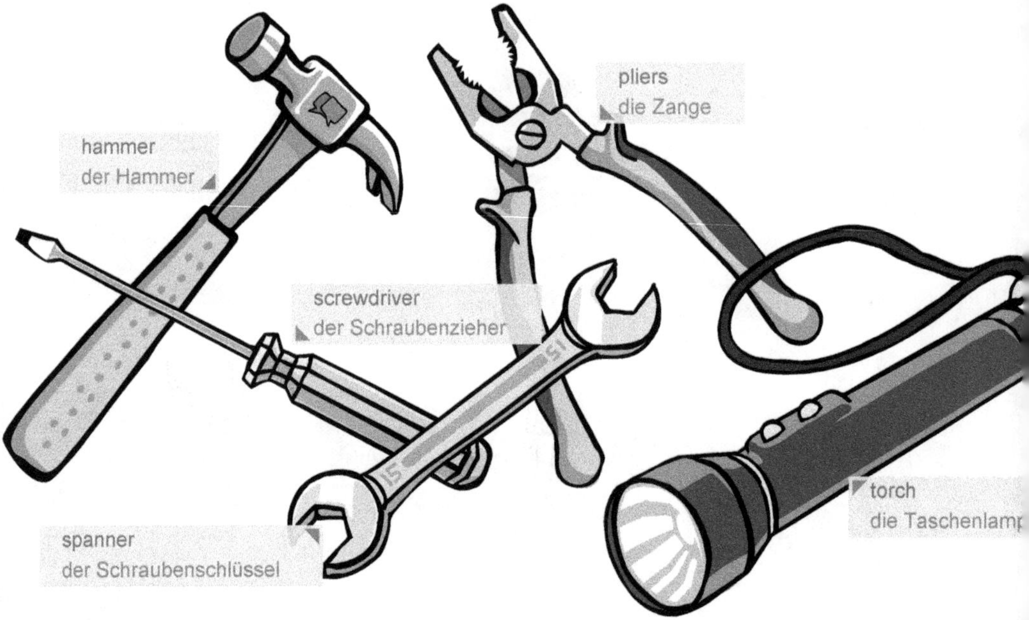

hammer
der Hammer

pliers
die Zange

screwdriver
der Schraubenzieher

spanner
der Schraubenschlüssel

torch
die Taschenlampe

digger
der Bagger

toolbox
der Werkzeugkasten

ladder
die Leiter

saw
die Säge

nails
die Nägel

drill
der Bohrer

repair
reparieren

shovel
die Schaufel

Damn!
Scheiße!

dustpan
die Kehrschaufel

paint pot
der Farbtopf

screws
die Schrauben

## musical instruments
## die Musikinstrumente

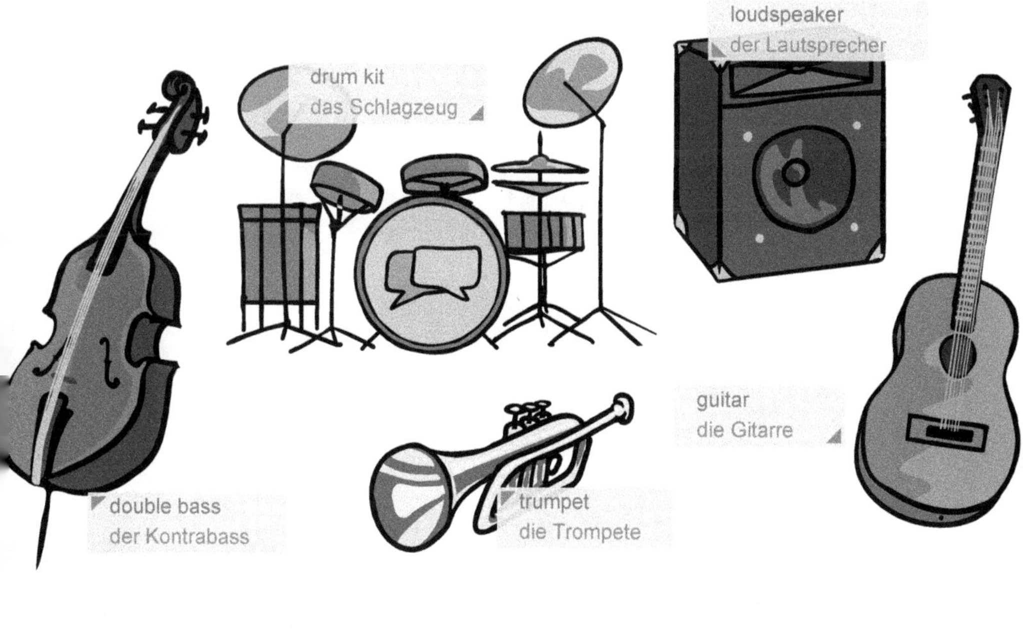

- drum kit — das Schlagzeug
- loudspeaker — der Lautsprecher
- double bass — der Kontrabass
- trumpet — die Trompete
- guitar — die Gitarre

piano
das Klavier

violin
die Violine

bass
der Bass

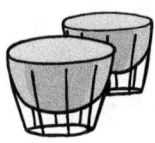
timpani
die Pauke

drums
die Trommeln

keyboard
die Tastatur

saxophone
das Saxophon

flute
die Flöte

microphone
das Mikrofon

musical instruments - die Musikinstrumente

# zoo
# der Zoo

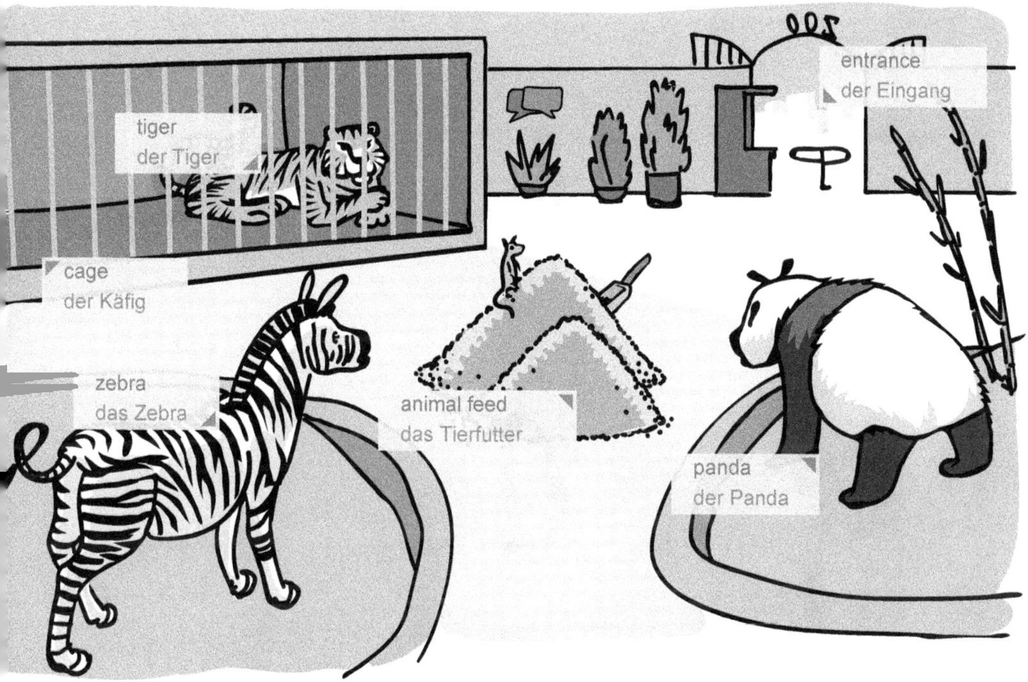

- entrance — der Eingang
- tiger — der Tiger
- cage — der Käfig
- zebra — das Zebra
- animal feed — das Tierfutter
- panda — der Panda

animals
die Tiere

elephant
der Elefant

kangaroo
das Känguru

rhino
das Nashorn

gorilla
der Gorilla

bear
der Bär

camel

das Kamel

ostrich

der Strauß

lion

der Löwe

monkey

der Affe

flamingo

der Flamingo

parrot

der Papagei

polar bear

der Eisbär

penguin

der Pinguin

shark

der Hai

peacock

der Pfau

snake

die Schlange

crocodile

das Krokodil

zookeeper

der Zoowärter

seal

die Robbe

jaguar

der Jaguar

pony
das Pony

leopard
der Leopard

hippo
das Nilpferd

giraffe
die Giraffe

eagle
der Adler

boar
das Wildschwein

fish
der Fisch

turtle
die Schildkröte

walrus
das Walross

fox
der Fuchs

gazelle
die Gazelle

# sports
## der Sport

# activities
# die Aktivitäten

jump / springen
hug / umarmen
laugh / lachen
walk / gehen
sing / singen
dream / träumen
pray / beten
kiss / küssen

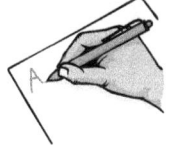

write

schreiben

draw

zeichnen

show

zeigen

push

drücken

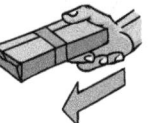

give

geben

take

nehmen

| | | |
|---|---|---|
|  |  |  |
| have / haben | do / machen | be / sein |
|  |  |  |
| stand / stehen | run / laufen | pull / ziehen |
|  |  |  |
| throw / werfen | fall / fallen | lie / liegen |
|  |  |  |
| wait / warten | carry / tragen | sit / sitzen |
|  |  |  |
| get dressed / anziehen | sleep / schlafen | wake up / aufwachen |

activities - die Aktivitäten

look at
ansehen

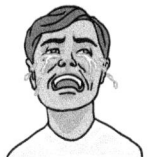

cry
weinen

stroke
streicheln

comb
frisieren

talk
reden

understand
verstehen

ask
fragen

listen
hören

drink
trinken

eat
essen

tidy up
zusammenräumen

love
lieben

cook
kochen

drive
fahren

fly
fliegen

activities - die Aktivitäten

| | | |
|---|---|---|
|  |  |  |
| sail / segeln | calculate / rechnen | read / lesen |
|  |  |  |
| learn / lernen | work / arbeiten | marry / heiraten |
| 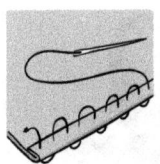 |  |  |
| sew / nähen | brush teeth / Zähne putzen | kill / töten |
|  |  | |
| smoke / rauchen | send / senden | |

activities - die Aktivitäten

# family
## die Familie

- grandmother — die Großmutter
- grandfather — der Großvater
- father — der Vater
- mother — die Mutter
- baby — das Baby
- daughter — die Tochter
- son — der Sohn

guest
der Gast

aunt
die Tante

uncle
der Onkel

brother
der Bruder

sister
die Schwester

# body
## der Körper

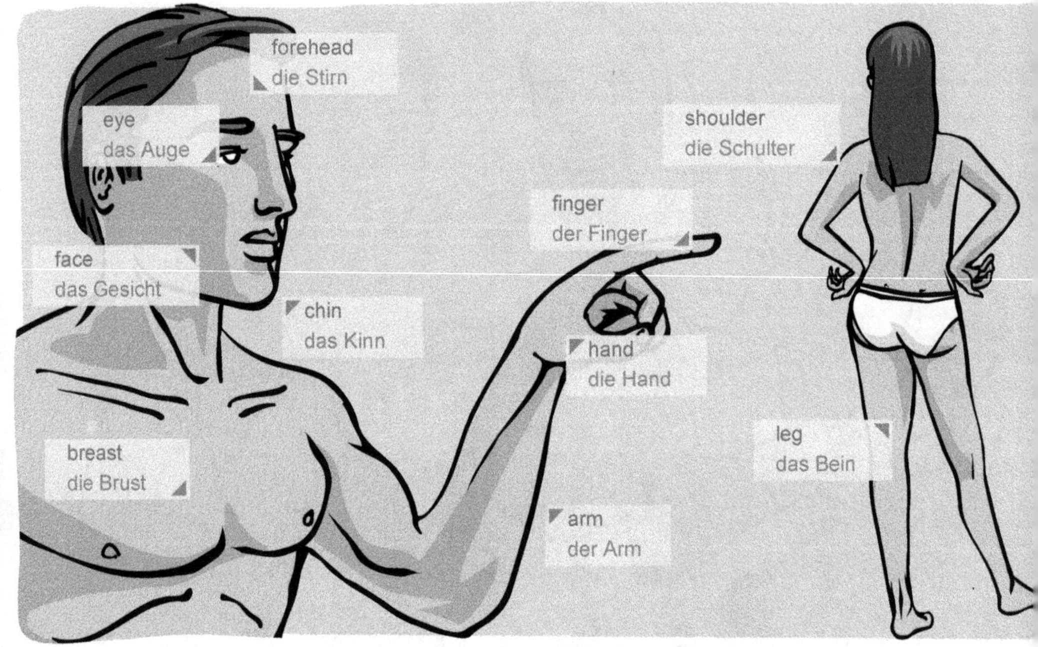

forehead — die Stirn
eye — das Auge
shoulder — die Schulter
finger — der Finger
face — das Gesicht
chin — das Kinn
hand — die Hand
breast — die Brust
leg — das Bein
arm — der Arm

baby
das Baby

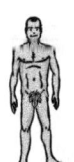

man
der Mann

woman
die Frau

girl
das Mädchen

boy
der Junge

head
der Kopf

| | | |
|---|---|---|
| 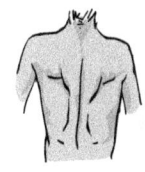 | 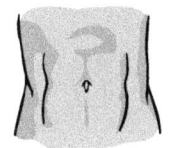 | 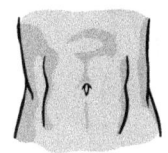 |
| back<br>der Rücken | belly<br>der Bauch | belly button<br>der Nabel |
| 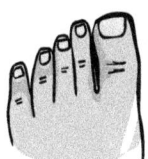 | 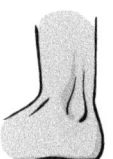 | 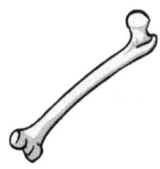 |
| toe<br>der Zeh | heel<br>die Ferse | bone<br>der Knochen |
| 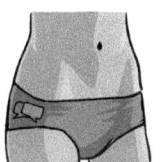 |  | 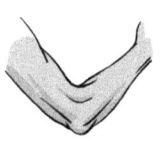 |
| hip<br>die Hüfte | knee<br>das Knie | elbow<br>der Ellbogen |
|  | 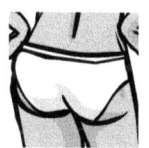 | 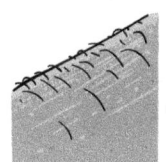 |
| nose<br>die Nase | bottom<br>das Gesäß | skin<br>die Haut |
| 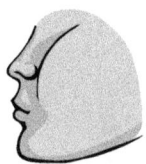 | 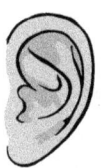 |  |
| cheek<br>die Wange | ear<br>das Ohr | lip<br>die Lippe |

**body - der Körper**

| | | |
|---|---|---|
|  | 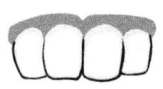 | 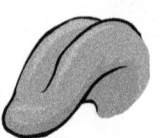 |
| mouth<br>der Mund | tooth<br>der Zahn | tongue<br>die Zunge |
|  |  |  |
| brain<br>das Gehirn | heart<br>das Herz | muscle<br>der Muskel |
| 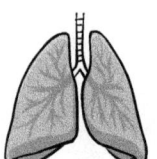 |  | 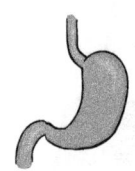 |
| lung<br>die Lunge | liver<br>die Leber | stomach<br>der Magen |
| 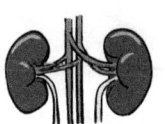 |  |  |
| kidneys<br>die Nieren | sex<br>der Geschlechtsverkehr | condom<br>das Kondom |
| 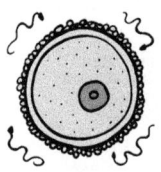 |  |  |
| ovum<br>die Eizelle | semen<br>das Sperma | pregnancy<br>die Schwangerschaft |

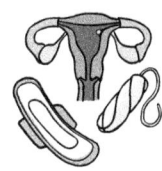

menstruation

die Menstruation

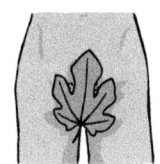

vagina

die Vagina

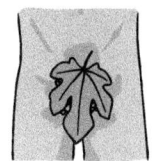

penis

der Penis

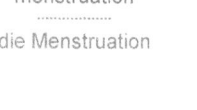

eyebrow

die Augenbraue

hair

das Haar

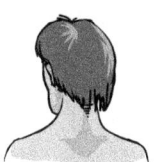

neck

der Hals

# hospital
## das Spital

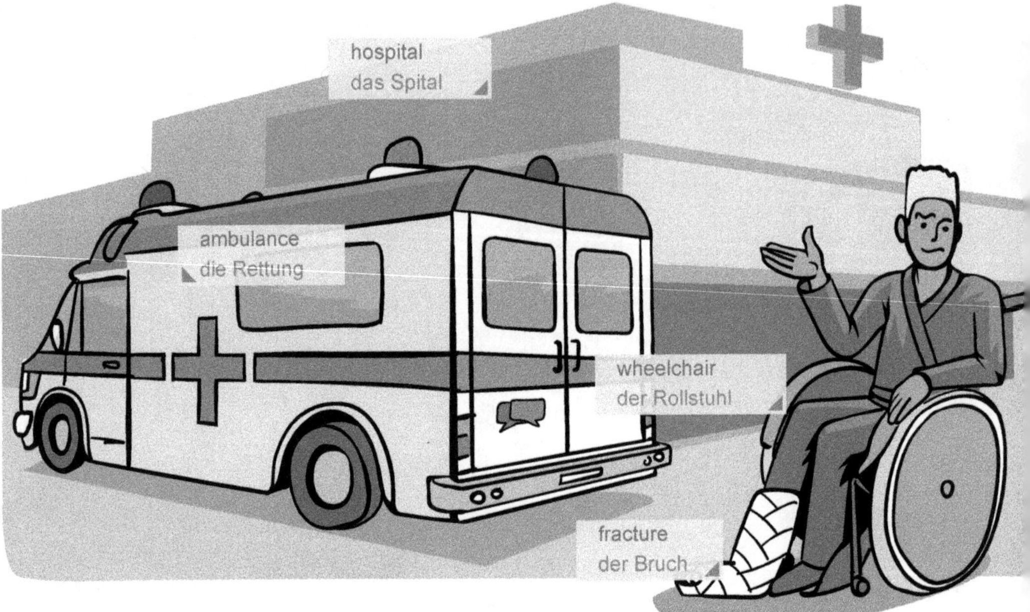

hospital
das Spital

ambulance
die Rettung

wheelchair
der Rollstuhl

fracture
der Bruch

doctor
die Ärztin

emergency room
die Notaufnahme

nurse
die Krankenschwester

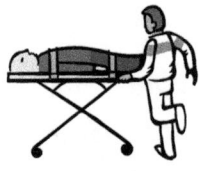

emergency
der Notfall

unconscious
ohnmächtig

pain
der Schmerz

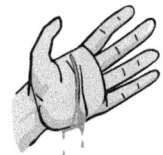
injury
die Verletzung

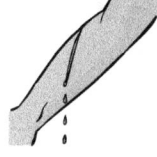
bleeding
die Blutung

heart attack
der Herzinfarkt

stroke
der Schlaganfall

allergy
die Allergie

cough
der Husten

fever
das Fieber

flu
die Grippe

diarrhoea
der Durchfall

headache
die Kopfschmerzen

cancer
der Krebs

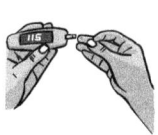
diabetes
die Diabetes

surgeon
der Chirurg

scalpel
das Skalpell

operation
die Operation

hospital - das Spital

CT
das CT

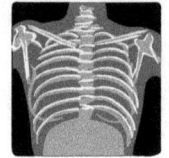
x-ray
das Röntgen

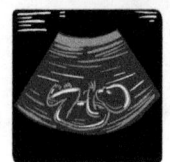
ultrasound
der Ultraschall

face mask
die Maske

disease
die Krankheit

waiting room
das Wartezimmer

crutch
die Krücke

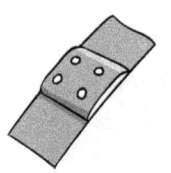
plaster
das Pflaster

bandage
der Verband

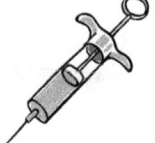
injection
die Injektion

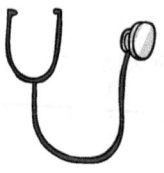
stethoscope
das Stethoskop

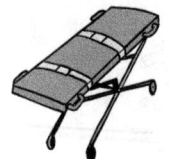
stretcher
die Trage

clinical thermometer
das Thermometer

birth
die Geburt

overweight
das Übergewicht

hospital - das Spital

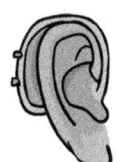

hearing aid

das Hörgerät

disinfectant

das Desinfektionsmittel

infection

die Infektion

virus

das Virus

HIV / AIDS

das HIV / AIDS

medicine

die Medizin

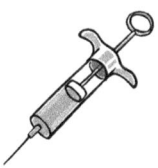

vaccination

die Impfung

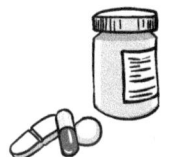

tablets

die Tabletten

pill

die Pille

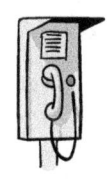

emergency call

der Notruf

blood pressure monitor

der Blutdruckmesser

ill / healthy

krank / gesund

hospital - das Spital

# emergency
# der Notfall

Help!
Hilfe!

alarm
der Alarm

assault
der Überfall

attack
der Angriff

danger
die Gefahr

emergency exit
der Notausgang

Fire!
Feuer!

fire extinguisher
der Feuerlöscher

accident
der Unfall

first-aid kit
der Erste-Hilfe-Koffer

SOS
SOS

police
die Polizei

# Earth
## die Erde

Europe

das Europa

North America

das Nordamerika

South America

das Südamerika

Africa

das Afrika

Asia

das Asien

Australia

das Australien

Atlantic

der Atlantik

Pacific

der Pazifik

Indian Ocean

der Indische Ozean

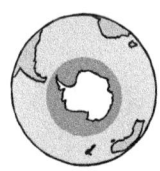

Antarctic Ocean

der Antarktische Ozean

Arctic Ocean

der Arktische Ozean

North Pole

der Nordpol

South Pole
der Südpol

Antarctica
die Antarktis

Earth
die Erde

land
das Land

sea
das Meer

island
die Insel

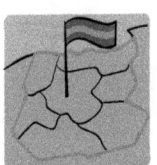
nation
die Nation

state
der Staat

# clock
## die Uhr

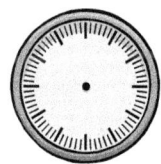
clock face
das Ziffernblatt

hour hand
der Stundenzeiger

minute hand
der Minutenzeiger

second hand
der Sekundenzeiger

What time is it?
Wie spät ist es?

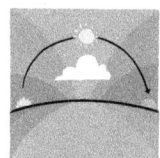
day
der Tag

time
die Zeit

now
jetzt

digital watch
die Digitaluhr

minute
die Minute

hour
die Stunde

# week
## die Woche

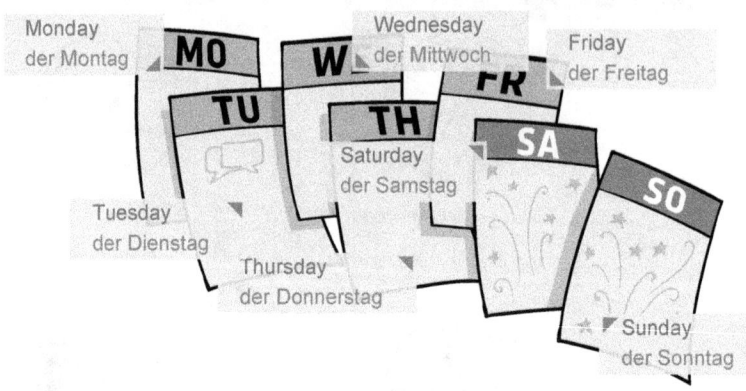

Monday — der Montag
Tuesday — der Dienstag
Wednesday — der Mittwoch
Thursday — der Donnerstag
Friday — der Freitag
Saturday — der Samstag
Sunday — der Sonntag

yesterday

gestern

today

heute

tomorrow

morgen

morning

der Morgen

noon

der Mittag

evening

der Abend

business days

die Arbeitstage

weekend

das Wochenende

# year
# das Jahr

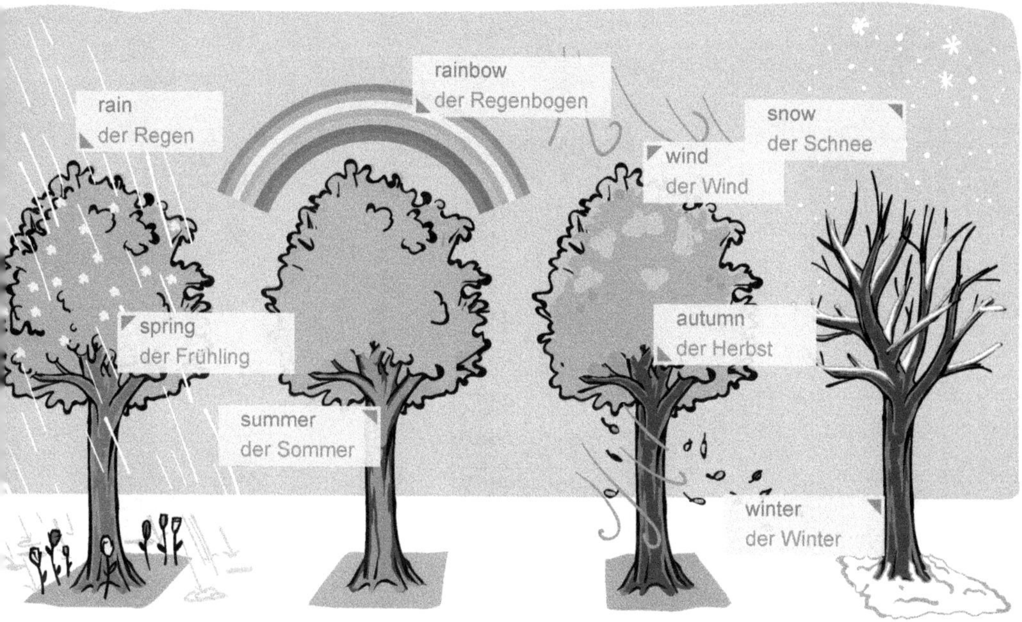

rain
der Regen
rainbow
der Regenbogen
snow
der Schnee
wind
der Wind
spring
der Frühling
autumn
der Herbst
summer
der Sommer
winter
der Winter

4.APRIL 11°
5.APRIL 4°
6.APRIL 13°
7.APRIL 8°
8.APRIL 10°

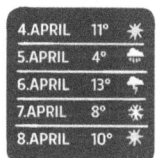

weather forecast

die Wettervorhersage

F C
120 40
90 30
60 20
30 10
0 0
-30 -10
-20

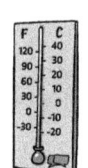

thermometer

das Thermometer

sunshine

der Sonnenschein

cloud

die Wolke

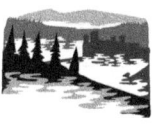

fog

der Nebel

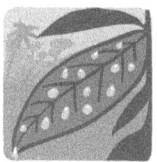

humidity

die Luftfeuchtigkeit

lightning

der Blitz

thunder

der Donner

storm

der Sturm

hail

der Hagel

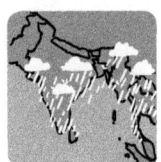

monsoon

der Monsun

flood

die Flut

ice

das Eis

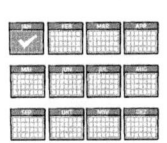

January

der Jänner

February

der Februar

March

der März

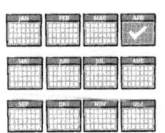

April

der April

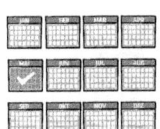

May

der Mai

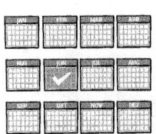

June

der Juni

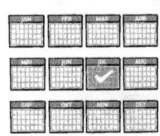

July

der Juli

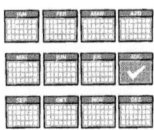

August

der August

year - das Jahr

September
der September

October
der Oktober

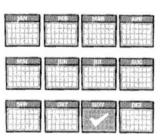
November
der November

December
der Dezember

# shares
## die Formen

circle
der Kreis

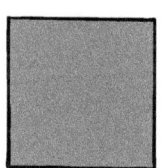
square
das Quadrat

rectangle
das Rechteck

triangle
das Dreieck

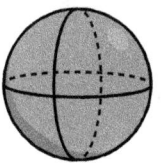
sphere
die Kugel

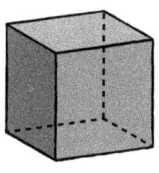
cube
der Würfel

# colours
## die Farben

white
weiß

yellow
gelb

orange
orange

pink
pink

red
rot

purple
lila

blue
blau

green
grün

brown
braun

grey
grau

black
schwarz

# opposites
# die Gegenteile

a lot / a little     angry / calm     beautiful / ugly
viel / wenig     wütend / friedlich     hübsch / hässlich

beginning / end     big / small     bright / dark
der Anfang / das Ende     groß / klein     hell / dunkel

brother / sister     clean / dirty     complete / incomplete
der Bruder / die Schwester     sauber / schmutzig     vollständig / unvollständig

day / night     dead / alive     wide / narrow
der Tag / die Nacht     tot / lebendig     breit / schmal

edible / inedible

genießbar / ungenießbar

evil / kind

böse / freundlich

excited / bored

aufgeregt / gelangweilt

fat / thin

dick / dünn

first / last

zuerst / zuletzt

friend / enemy

der Freund / der Feind

full / empty

voll / leer

hard / soft

hart / weich

heavy / light

schwer / leicht

hunger / thirst

der Hunger / der Durst

ill / healthy

krank / gesund

illegal / legal

illegal / legal

intelligent / stupid

gescheit / dumm

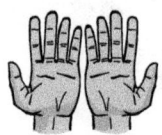

left / right

links / rechts

near / far

nah / fern

opposites - die Gegenteile

new / used
neu / gebraucht

nothing / something
nichts / etwas

old / young
alt / jung

on / off
an / aus

open / closed
offen / geschlossen

quiet / loud
leise / laut

rich / poor
reich / arm

right / wrong
richtig / falsch

rough / smooth
rau / glatt

sad / happy
traurig / glücklich

short / long
kurz / lang

slow / fast
langsam / schnell

wet / dry
nass / trocken

warm / cool
warm / kühl

war / peace
der Krieg / der Frieden

opposites - die Gegenteile

# numbers
## die Zahlen

**0**
zero
null

**1**
one
eins

**2**
two
zwei

**3**
three
drei

**4**
four
vier

**5**
five
fünf

**6**
six
sechs

**7**
seven
sieben

**8**
eight
acht

**9**
nine
neun

**10**
ten
zehn

**11**
eleven
elf

| | | |
|---|---|---|
| **12** | **13** | **14** |
| twelve | thirteen | fourteen |
| zwölf | dreizehn | vierzehn |
| **15** | **16** | **17** |
| fifteen | sixteen | seventeen |
| fünfzehn | sechzehn | siebzehn |
| **18** | **19** | **20** |
| eighteen | nineteen | twenty |
| achtzehn | neunzehn | zwanzig |
| **100** | **1.000** | **1.000.000** |
| hundred | thousand | million |
| hundert | tausend | Million |

numbers - die Zahlen

# languages
## die Sprachen

English
Englisch

American English
Amerikanisches Englisch

Chinese Mandarin
Chinesisch (Mandarin)

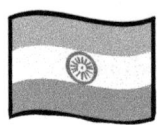

Hindi
Hindi

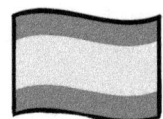

Spanish
Spanisch

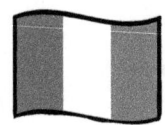

French
Französisch

Arabic
Arabisch

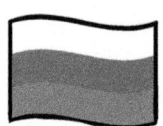

Russian
Russisch

Portuguese
Portugiesisch

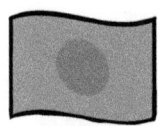

Bengali
Bengalisch

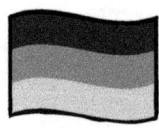

German
Deutsch

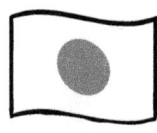

Japanese
Japanisch

# who / what / how
## wer / was / wie

I
ich

you
du

he / she / it
er / sie / es

we
wir

you
ihr

they
sie

who?
Wer?

what?
Was?

how?
Wie?

where?
Wo?

when?
Wann?

name
Name

# where
## wo

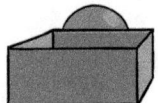

behind

hinter

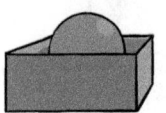

in

in

in front of

vor

over

über

on

auf

under

unter

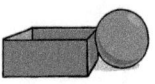

beside

neben

between

zwischen

place

der Ort

CPSIA information can be obtained
at www.ICGtesting.com
Printed in the USA
LVHW050420300920
667478LV00005B/722